AF275502

DIARIO DE LA INDIA

MARIA DE AZEREDO

El Gallo de Oro
Gallo Verde, 30

Este libro ha recibido una subvención del Departamento de Cultura y Política Lingüística del Gobierno Vasco.

EUSKO JAURLARITZA
GOBIERNO VASCO

KULTURA ETA HIZKUNTZA
POLITIKA SAILA

DEPARTAMENTO DE CULTURA
Y POLÍTICA LINGÜÍSTICA

Título de la edición original
Diário da Índia

Colección Gallo Verde 30
Primera edición en El Gallo de Oro, noviembre 2024
© Maria Condé Blanco de Azeredo
Traducción a cargo de la autora
© De esta edición: Ediciones El Gallo de Oro S. L., 2024

Fotografía de colofón: Alberto Pazos @albpgom
Correcciones: Artea Ulloa

ISBN: 978-84-128831-5-2
Depósito legal: BI-01463-2024
Impresión: Printhaus

Ediciones El Gallo de Oro SL
Alameda San Mamés 43 Bis. Sexta planta. Local 2.
48010 Bilbao
www.elgallodeoroediciones.com

DIARIO DE LA INDIA

EDICIONES
El Gallo de Oro

PREFACIO

«La práctica del amor es el antídoto más poderoso
contra las políticas de dominación»
bell hooks

Llevo años buscando en Internet un documental que vi accidentalmente en el hospital, cuando me encontraba con un principio de neumonía. En la sala de nebulización, la televisión estaba transmitiendo una película de VICE sobre un grupo de mujeres indias que luchaban contra el tabú de la menstruación en la región donde vivían. Mucho antes de que se estrenase *Period. End of Sentence*, de Rayka Zehtabchi, transmitido por Netflix; ese documental cuyo nombre aún no he descubierto me abrió la puerta de un mundo que desconocía. La India de la que había oído hablar hasta entonces era producto de mi imaginación y estaba basada en contenidos superficiales (y llenos de estereotipos) que yo había adquirido en mi infancia y adolescencia.

Ver esa película y oír a esas mujeres indias hablando de sí mismas fue, probablemente, uno de los primeros momentos en los que comencé a cuestionarme todo lo que sabía hasta entonces sobre el feminismo. Y todo lo que sabía hasta entonces sobre la justicia. Algunos años antes me había empapado de teorías feministas y creía que todas las mujeres del mundo deberían tener los derechos que consideraba fundamentales para mi visión occidental. Todas deberíamos tener el mismo concepto sobre el feminismo. Todas deberíamos luchar por la emancipación en el mismo frente. Sin embargo, escuchar a aquellas mujeres indias hablar sobre la menstruación me hizo darme cuenta de que, si nuestro punto de partida no era el mismo, nuestro punto y tiempo de llegada tampoco podían serlo.

Años después, cuando mi amiga Maria me dijo que tenía que ir a pasar una temporada a la India, me dio por pensar cómo sería su encuentro con mujeres que eran más parecidas a las que vi en el documental que a las que conozco. ¿Qué sentiría en relación a todo lo que iría a ver y a vivir? ¿Cómo sería lidiar con esas diferencias en el día a día? ¿Cómo se posicionaría respecto a esas diferencias?

No hablamos mucho durante esos meses, pero las cartas que fui recibiendo me mostraban que ella estaba más interesada en oír que en hablar, inmersa en un constante proceso de aprendizaje. Leer los diarios que escribió fue como entrar en ese proceso de aprendizaje y en la metamorfosis por la que pasó. Ella ya no era la misma. Podía sentirlo por las palabras que escribía en sus cartas.

A pesar de los cambios que se dejó hacer, estableció lo que jamás quería que fuese diferente. No quería —no podía— habituarse al desprecio por los derechos humanos. No quería habituarse a la pobreza. En el momento en el que esto se convirtiera en algo «normal» dejaría de sentirse viva. Fue en la escritura en la que encontró un refugio para digerir lo que sucedía a su alrededor, y lo que le estaba sucediendo sin que ella misma se diera cuenta. Y fue en el amor y en la comprensión donde halló el lugar para expandir su mundo interior.

Estoy segura de que el viaje a la India de Maria de Azeredo es completamente distinto al de Annemarie Schwarzenbach y al de Pier Paolo Pasolini. Y no solo porque sean tiempos diferentes. Tampoco es el viaje que Maria imaginó y que yo imagino o el que el lector de este libro pueda imaginar. Es un viaje profundo de una persona que está constantemente buscando las herramientas necesarias para construir más puentes entre sí misma y lo desconocido, con la capacidad de reconocer el lugar de donde viene —el lugar desde el que habla—. Leerla es caminar por estos puentes. Permitirnos ser transformados.

CAROLINA FRANCO

Notas de la autora

Cochêca, enero de 2023

Hace precisamente un año me encontraba en este mismo lugar, en Baião —el lugar de mi infancia, donde crecí, el lugar de donde vengo, el lugar al que siempre vuelvo—. Haciendo los preparativos para mi partida a la India.

Viví en Mumbai durante cinco meses, desde enero de 2022 hasta el final del mes de mayo. Este tiempo fue parte de mi formación del Máster en Acción Humanitaria Internacional por la Universidad de Deusto, en Bilbao. Fui con una amiga, de España, que participó en ese mismo programa. Ambas nos acompañamos y nos cuidamos durante esa temporada.

A lo largo de los primeros meses tuvimos clases en una Universidad de Mumbai, a pesar de que las clases fueron *online* debido a la pandemia del covid-19. Escogí estudiar asignaturas relacionadas con la India; tenía el deseo de profundizar en los problemas sociales de este subcontinente: su organización y su sistema de castas, el papel de la familia, la sexualidad, la pobreza urbana y de exclusión social… Y en los dos últimos meses hice un trabajo de campo, en una organización relacionada con el Comercio Justo formada por mujeres de las comunidades de chabolas de Mumbai.

Este libro no es un diario con una descripción detallada de las actividades y experiencias del viaje, ni pretende ser una guía de lugares a visitar en la India. Es solo un diario íntimo y personal, escrito por una mujer de veinticinco años que en ese momento no sabía que más tarde iría a ser publicado. No sabía que su fragilidad iría a ser expuesta ante otros corazones. Este diario es un compartir que rompe con mi vulnerabilidad.

Me gustaría dejar todavía algunas notas al lector: he preferido no mencionar los nombres de las personas y de los amigos, ni el nombre de la organización donde hice el trabajo de campo. El diario se encuentra casi en su forma original, solo fueron hechas correcciones lingüísticas sin intervenir en la emoción del momento en el que fue escrito. Añadí también al texto original notas al pie de página para facilitar la lectura y el contexto al lector y también menciono extractos de libros que me acompañaron durante ese tiempo.

A veces me sentía interiormente exhausta y por eso surgía una necesidad de escribir. Aunque fuese una sola frase o una sola palabra.

DIARIO DE LA INDIA

Aeropuerto de Oporto, Portugal. 13 de enero de 2022

Aún no consigo imaginarme que pasado mañana estaré en la India. Que mis pies van a pisar aquellas tierras.

Aeropuerto de Doha, Catar. 14 de enero

Nunca vi tanta gente distinta en un mismo espacio. Hay personas de todo el mundo.

Hotel de Mumbai, India. 15 de enero

Un día que ya parecen cuatro. Todo va bien. La gente es muy hospitalaria. Mis ojos están tratando de observar todo lo que me rodea, el caos que aquí se vive. Estoy alegre y me siento segura. Las chabolas, llamadas *slum*, fueron la primera imagen que vi desde la ventanilla del avión mientras aterrizaba.

Hay miseria, mucha. Pero hay también amabilidad, un deseo de cuidarse unos a otros.

Hotel de Mumbai. 16 de enero

Hay organización en medio de tanto caos. El tráfico es

una locura, no pasan más de tres segundos sin que se oiga una bocina pero, al mismo tiempo, nunca vi una cara enfadada o un gesto de insultar a alguien. Durante los diez minutos que montamos en *tuk tuk* pensé que íbamos a tener varios accidentes.

La miseria es tanta... No hay lugar donde descansar la mirada. Pero lo más cruel es ver a los niños descalzos que se acercan constantemente para vender alguna cosa. Un pañuelo de papel. Unos bolígrafos. No nos sueltan. Y los ignoro. No les miro a los ojos. No lo consigo. No puedo.

Parece que mi amiga y yo somos las únicas «blancas» que caminan por este lugar. Nos miran, pero nunca nos abordan. No me siento insegura. Hay calles que no me atrevo a recorrer, no porque tenga miedo, sino por no poder soportar ver tanta miseria.

¿Por qué es así? ¿Qué es esto? No lo comprendo.

Hotel de Mumbai. 17 de enero

Gracias por un día más.

Me gustaría poder respetar sin juzgar lo que mi corazón ve y no comprende.

Hemos encontrado una capilla al aire libre junto a la carretera. Tan simple, tan alegre. En vez de oro y santos, tenía collares de flores naranjas y amarillas. No estaba construida entre cuatro paredes. Cualquier persona que pasara por la calle podría verla y rezar.

Hotel de Mumbai. 18 de enero

Aquí la riqueza y la miseria viven juntas, puerta con puerta. Coexisten. Mis ojos siguen intentando retener todo lo que ven.

Hotel de Mumbai. 19 de enero

Hoy hay una gran luna llena en cielo. Parece de fuego.

Hotel de Mumbai. 20 de enero

Nos hemos aventurado por primera vez a montar en tren. ¡Fue fantástico! ¡Sin palabras! Estoy contenta y me siento segura. Queríamos haber ido a un parque natural y visitar unas cuevas pero cuando llegamos estaba cerrado por las restricciones del covid-19. Fuimos a comer a un restaurante muy bueno que está dentro de un barrio de chabolas. Mumbai es esto: contrastes en cualquier calle.

Hotel de Mumbai. 21 de enero

En el desayuno en el hotel hay un solo cuchillo —compartido por todos— para untar la mantequilla. Nadie usa mascarilla. Supuestamente tendríamos que pasar aquí diez días haciendo la cuarentena. Pero en realidad eso no está sucediendo.

Mumbai Surf Club. 22 de enero

Escribo estas palabras mientras observo la puesta de sol en la playa. Vamos a acampar. La gente aquí es muy acogedora. Estoy tumbada en un banco de madera y veo una cometa de papel volando suavemente entre las hojas de las palmeras y el cielo. Hoy hemos visto caballos, camellos y muchos perros en la playa.

Es extraño... Varias personas nos han pedido hacernos fotografías con ellas.

Ayer fuimos a cenar a casa de los españoles. El edificio tenía un aspecto horrible, parecía estar en ruinas, pero el interior estaba impecable. Da la sensación de que aquí muchos de los edificios parecen inacabados y descuidados por fuera, pero por dentro están todos arreglados. Despertamos al hombre de seguridad del edificio a las tres de mañana, pidiéndole que nos abriese la puerta. Él vive allí, en el suelo, en la entrada del edificio.

Casa de Bandra. 25 de enero

Pasamos la primera noche en la casa nueva. ¡Qué bien! Ya tenemos una cocina y nuestro rincón. La dueña es muy amable. Tenemos una terraza y un pequeño jardín que compartimos con la familia que vive aquí. Es agradable salir y sentarme un rato a contemplar todo lo que me rodea. Ya me estoy acostumbrando a las bocinas que no cesan y a los cuervos. Siempre hay un hombre de seguridad sentado junto al portón, allí se pasa el día entero. Tiene una pequeña cabina, en ella cocina, descansa, tiende la ropa... La gente que nos atiende es muy amable y parece que no les gusta que hagamos su trabajo: abrir el portón, cargar con las maletas, limpiar...

Cuando salgo de casa es cuando a veces ocurren pequeños encuentros. Ahora mismo acaba de entrar en el jardín el padre de la dueña de la casa, un señor mayor que muy amablemente me pregunta si todo está bien. Hablamos durante unos minutos.

Hay muchas plantas y algunas flores. Las buganvillas son parte de las calles y de las casas de Mumbai. Hay dos perros y un gato. Están bien gorditos. Qué diferencia con los de la calle. Este barrio es distinto. Encontramos a más gente vestida con pantalones vaqueros y camisetas de «nuestras marcas».

Estoy segura de que nos timaron cuando compramos fruta y verdura en el mercado y cuando fuimos a comprar ropa. Aun así, era todo muy barato. Hemos encontrado ropa con las etiquetas de importantes marcas con el precio escrito en euros y que compramos por pocas rupias.

Supuestamente ayer debíamos empezar las clases en la Universidad. Pero parece que no comenzaremos hasta la semana que viene. No sabemos bien por qué.

Casa de Bandra. 26 de enero

Es festivo, día de la República. Hoy di el primer paseo sola por el barrio. Entré en una iglesia de un colegio y recé. He dado gracias por lo que estoy viviendo.

Casa de Bandra. 27 de enero

Tenemos un pequeño jardín con un columpio y muchas plantas. Es agradable venir cada mañana.

Primera carta que escribí a mi familia y a mis amigos con noticias de Mumbai:

Mumbai, India

27 de enero de 2022

Querida familia, queridos amigos:

Os escribo estas palabras para daros algunas noticias y com-

partir con vosotros lo que estamos haciendo estas dos primeras semanas aquí en Mumbai. Y sobre todo porque siento una gran necesidad de escribir, como forma de asimilar todo lo que estoy viendo y viviendo. Aquí la escritura se vuelve una necesidad diaria. Me siento bien, segura y contenta por estar aquí. Todavía no ha habido ningún imprevisto ni ninguna situación complicada. Quiero compartir tres o cuatro momentos que me impresionaron.

Mumbai es una de las ciudades más pobladas de la India (tiene más del doble de la población de Portugal) y el contraste entre riqueza y miseria está presente a cualquier hora y en cualquier lugar. Coexisten, conviven y comparten el mismo espacio. En la misma calle existen las llamadas slums *(chabolas), que son casas hechas con lata y cubiertas con lonas, rodeadas de basura; y edificios modernos con hombres de seguridad, cámaras de vigilancia, muros y coches de lujo aparcados. El segundo barrio de chabolas más grande de toda Asia (llamado Dharavi, ved fotografías en Google) está aquí en Mumbai, donde viven casi un millón de personas. Es impresionante la mezcla de gente de todo tipo de vida, de interrelaciones, de culturas, de olores y de espiritualidades. La manera en la que cómo la sociedad está organizada es tan distinta de la nuestra occidental que no la puedo comprender. No tengo la capacidad, porque siempre que cuestiono la forma en la que viven, lo hago desde algún prejuicio o estereotipo que llevo conmigo. Todo es tan diferente aquí. Intento absorber todo lo que mis ojos ven. Vivo un choque cultural.*

Atravesar las calles fue uno de los primeros desafíos, en una carretera con tráfico caótico y donde en cualquier momento parece que todo va a colapsar, hay, sin embargo, una organización tal que nunca llega a producirse ningún accidente. Hay personas en bicicleta, miles de tuk tuks, *carros, vacas (que son sagradas), autobuses, camiones, taxis y coches de lujo. Tocan la bocina todo el tiempo y sin motivo, pero nunca se enfadan o se insultan. Hay que cruzar las calles sin pensar y con decisión. Muchas veces se nos acercan niños descalzos pidiendo dinero o vendiendo algo, «*please ma'am ma'am*». Impresiona porque deben de tener cuatro o cinco años. Les ignoro. No les miro a los ojos porque no consigo hacerlo, porque no puedo.*

Una gran diferencia es sobre todo la higiene personal. Los indios son históricamente uno de los pueblos más limpios del mundo. Pero si miramos las calles de la ciudad, vemos que están repletas de basura. La tiran toda al suelo. Para los indios una cosa es la higiene personal y de sus casas, y otra distinta es la de los espacios públicos. La casa es un espacio sagrado, y por eso uno se descalza antes de entrar, pero las calles son tierra de nadie. La higiene está basada en rituales y relacionada con la noción de pureza. Esto es difícil de comprender, pero es parte de las costumbres que conforman la civilización india. Comen con la mano derecha, porque la izquierda la utilizan para limpiarse.

Los trenes van con las puertas y las ventanas totalmente abiertas, y hay ventiladores atados en los techos. Según avanza el tren se siente todo el viento en la cara. Principalmente se ven los barrios de chabolas y la miseria, algunos mercados y edificios altos. Hay vagones solo para las mujeres. Al principio me pareció extraño, pero pronto me sentí más cómoda viajando junto a las mujeres indias. El viaje es indescriptible. Se ven todo tipo de mujeres. Hay mujeres descalzas, sentadas en el suelo, y otras con ropa de marca, en primera clase. Había tres niñas vestidas con un burka negro hasta los pies, riéndose y estudiando inglés con los libros en la mano. Otras mujeres cargaban unas bolsas enormes, medio tapadas, y cada vez que el tren comenzaba a andar empezaban a vender todo tipo de objetos, desde pendientes de oro falso hasta pañuelos de papel. También entraron un ciego y una mujer trans *(más tarde entendí el papel que desempeñan en las comunidades) pidiendo dinero.*

En general, los indios son muy amables y hospitalarios, la gente nos mira porque somos «blancas» (y ahora con la pandemia casi no se ven extranjeros), son capaces de pedirnos una foto, pero nunca nos molestan. Al contrario, fueron varias las veces en las que, cuando nos perdíamos, alguien que hablaba inglés nos preguntó si necesitábamos ayuda.

Estoy muy agradecida por estar aquí.

Os mando un abrazo muy grande.

Maria

¿Cómo es ser mujer en la India? Hay un misterio en las mujeres indias. Hay una belleza. Hay mucho color.

Tú, que vas vestida de colores. Tú, mujer que llevas anillos en los pies. Tú, que estás tumbada, dormida en el asiento del tren. Solo veo las plantas de tus pies. Cubiertas de polvo, grises. Tú, mujer que vas tan arreglada, tan bonita. Llena de dorados. Tú, mujer que vendes en los vagones de los trenes. Que sostienes un bebé entre tus brazos. Tú, que llevas el largo cabello suelto, que llevas un velo, un burka o el pelo recogido.

¿Qué misterio guardas? ¿Qué cargas en tu corazón?, ¿en tu silencio?

Casa de Bandra. 28 de enero

Somos un grupo grande de extranjeros viviendo aquí en Mumbai. Es curioso pensar cuál sería la posibilidad de organizar planes o hacer fiestas con este grupo si estuviéramos en nuestros países en Europa. Aquí tenemos una necesidad de juntarnos.

Casa de Bandra. 30 de enero

Qué maravilla de día. Gracias, gracias, gracias... Un viaje más en tren.

Hoy hemos comido en una organización formada por mujeres que se dedican a preparar comidas. Qué alegría, cómo sonreían y no paraban de darnos de comer. Fue la primera vez que comí con la mano derecha y fue la primera vez que pensé que podía coger una diarrea. Todo el lugar era de una simplicidad muy distinta a la de los restaurantes a los que estamos acostumbrados a ir en nuestros países. El edificio por fuera (y también por dentro) parecía que estaba medio abandonado. En la cocina había varios bancos de madera redondos, casi al nivel del suelo, donde las mujeres, descalzas, se sentaban preparando las comidas (principalmente pelando, cortando y preparando la verdura). No había muchos utensilios ni objetos de adorno. Había lo justo y necesario para preparar y servir sabrosas comidas. Nos atendieron muy bien. Siempre nos tratan bien. Es una vida en comunidad. Qué alegría. Qué sorpresa.

El baño era lo más simple que he visto hasta hoy. Un agujero en el suelo, dos grifos en la pared y dos cubos que se rellenaban con agua. Olía terriblemente mal.

Y la vuelta en el *tuk tuk* fue otra aventura. Fui sentada junto al conductor. Apretada, por caminos minúsculos y pequeños pueblos. Vi el atardecer en el fuerte, vi bellos árboles y pájaros. La luz era bonita.

Me gustaría que esta alegría que he vivido hoy pudiera crecer cada día.

Casa de Bandra. 31 de enero

Hoy fuimos a una supuesta aula de yoga, aquí en el barrio de Bandra. La señora que nos hizo la presentación y el discurso daba mucha sensación de paz y nos hablaba de su dios con un enorme respeto. Todo aquello que nos explicaba de las almas, el espíritu, la felicidad, la paz, la mente... podría estar relacionado con el cristianismo. Todavía no acabo de entender cuáles son los orígenes de la espiritualidad de esta organización. Cada vez me parece más que todos estamos buscando lo mismo, las preguntas son las mismas. Pero las formas de llegar son distintas.

Casa de Bandra. 1 de febrero

Qué privilegio celebrar mi veinticinco cumpleaños aquí, en la India.

Hoy veo muchas pequeñas estrellas en el cielo. No suele pasar debido a la polución.

Casa de Bandra. 2 de febrero

Fuimos de nuevo a la meditación, con la esperanza de que esta vez fuera una clase de yoga. Aunque yo no me identifique con muchas cosas, es interesante intentar comprender otra espiritualidad.

Por la tarde entramos en un centro comercial en la zona sur, la más rica de Mumbai. Fue extraño, pues parecía que estábamos en un país occidental rodeadas por las tiendas de marcas que estoy acostumbrada a ver en mi ciudad, en mi país.

Casa de Bandra. 4 de febrero

Tengo el deseo de leer más, de saber más, de profundizar más en esta misteriosa India. Hay tanto por descubrir, tanto por comprender.

Casa de Bandra. 5 de febrero

Hoy fuimos a la isla de *Elephanta caves*. Fue un día muy especial. Empezando por el viaje en taxi hasta el *Gateway of India* (zona sur de Mumbai donde tendríamos que coger un *ferryboat* hasta la isla). Cuando íbamos por la mitad del trayecto, el taxista decidió parar para ir al baño, pero sin avisar.

¿Cómo es posible que este viaje cueste apenas tres euros? En esta isla viven alrededor de dos mil personas, y, por lo que entendí, hay dos o tres aldeas. Al salir del barco se nos acercó un señor que hablaba muy bien inglés. Fue nuestro guía durante todo el día. Nos dijo que era guía en aquella isla desde hacía veinte años. Sabía algunos idiomas porque aprendió con los turistas. Nos acompañó y nos la enseñó. La isla es famosa por sus antiguos templos hindúes y por sus cuevas. Nos explicó todo de una manera muy clara. Hay tanto respeto. Tanta devoción. Comimos con él en el restaurante de su amigo. Y terminamos el día paseando por su aldea donde nos enseñó el templo que construyó su comunidad.

Compramos algunos recuerdos en la tienda de su hermano. Trajimos algunas piezas hechas a mano por personas de esa isla. Viven del turismo. No sé cómo aguantaron casi dos años sin recibir a nadie debido a la pandemia. No pueden producir ni plantar nada en sus tierras porque los monos estropean y roban todo. Por eso tienen que importar todos los productos de Mumbai.

Hay más de 33 millones de dioses hindúes. Brahma —dios de la creación—, 4 manos, 4 rostros, 4 vedas (escrituras sagradas); Vishnu —dios de la preservación—, 4 brazos —sentado en una serpiente—; Shiva —dios de la destrucción—; Ganesha —dios de los obstáculos— sabiduría, suerte, cabeza de elefante; Shakti —la gran madre—; Hanuman —símbolo de la fuerza y de la devoción—.

Finalmente, pude escuchar el silencio. Después de tres semanas en Mumbai, he conseguido en el día de hoy oír el silencio en algunos momentos.

Casa de Bandra. 6 de febrero

Hoy fui a misa por primera vez desde que llegué a la India. Me he sentido en casa. Qué bueno es sentirse en casa. La iglesia estaba llena, y muchas de las personas eran jóvenes.

Caminé de vuelta. Había una hermosa luna.

Casa de Bandra. 7 de febrero

Transcrito del libro *Sri Anandamayi.*[1] *Su vida, su sabiduría*:

«¿Qué eres tú realmente? […] ¿Cómo puede surgir esa pregunta en tu corazón? La visión de dioses y diosas aparece de acuerdo con la disposición heredada de cada uno. Yo soy lo que soy y lo que seré; yo soy todo lo que tú concibas, pienses o digas. Pero, de forma más concreta, este cuerpo no ha venido al ser para recoger los frutos del karma pasado. ¿Por qué no aceptas que este cuerpo es la encarnación material de todos tus pensamientos e ideas? […] ¿Por qué preguntas? Permanece en silencio y no hagas nada» (Lannoy, 2005, p. 13).

---

1 Anandamayi (1896-1982) fue una santa india y gurú del yoga. Nacida en Bengala, es una de las figuras espirituales más eminentes de nuestro tiempo.

Casa de Bandra. 9 de febrero

Diarrea. Por primera vez desde que llegué a Mumbai.

Casa de Bandra. 10 de febrero

Transcrito del libro *La India por dentro*:

«Solo en el silencio de la mente puede ser contemplado. […] Cuando los cinco sentidos y la mente están en calma y el intelecto permanece inmóvil, ese es el estado supremo» (Enterría, *La India por dentro*, 2020, p. 82).

Viaje Mumbai-Karnataka. 11 de febrero

Somos polvo. Solo polvo. ¿Cómo puedo intentar comprender el mundo si no soy nada? No hay nada que comprender. Existe la belleza de cada día. Existe lo que soy y lo que vivo hoy. Esto basta. Basta aquello que tú eres y vives hoy con el encuentro de aquello que yo soy y vivo hoy. No hay nada más que entender.

Hampi, Karnataka. 12 de febrero

Despertar de madrugada, tumbada en la cama del autobús viendo el paisaje por la ventana. Aquí todo es más limpio. Visitar cada uno de los templos. Son lugares llenos de misterio. Ahora contemplo, desde estos montes de piedra, rodeada de pequeños monos, una luz maravillosa. Muchos colores. Sobre todo, verde.

Casa de Bandra. 13 de febrero

He visto tanta gente tumbada desde que llegué a la India. He visto hombres tirados en las aceras, otros en las propias calles sin aceras. Cuerpos dentro de sacos de arpillera que no sé si todavía respiraban. He visto al hombre de seguridad de nuestra casa durmiendo cada noche junto al portal. He visto bebés tumbados en los brazos de sus madres. He visto mujeres descalzas tumbadas en los bancos de los trenes.

Jardín casa de Bandra. 14 de febrero

Recordando el viaje a Hampi:

Arrozales. Mujeres trabajando. Verde frescor. Hermosas vistas. Río. Montar en una barca, agua, palmeras. Zumo de caña de azúcar y coco. Comida india del sur. Servida en una hoja de platanero. Descalzos. Sentados en el suelo. Comer con la mano derecha. *Masala chail.* Aldeas. El medio rural es mucho más bonito. Comunidad. Muchos viajes en *tuk tuk*. Árboles con unas maravillosas hojas anaranjadas. Silencio. Gallos, vacas, ovejas, cabras, elefantes, monos. Templos. Devoción. Color naranja. Rituales. Hacer sonar la campana al entrar en el templo. Autobús con camas.

Casa de Bandra. 15 de febrero

Es la primera vez que puedo oler el aroma de las plantas del jardín. Y me recuerda a la infancia en Cochêca. Me gusta esta tranquilidad. Estar a solas. Nunca me siento sola.

Me doy cuenta de que hay cosas del mundo que no me interesan, que no me llenan ni me hacen más feliz.

Mi sed es otra, mi alimento es otro, lo que me mueve es otra cosa.

No siento que no encajo en este mundo. No. Es otra cosa. Es otra fuerza. Es otro camino. Es una luz que me va iluminando. No lo sé bien. Pero tampoco quiero saberlo. Me gusta el misterio de la vida, de no comprender. Porque así me dejo sorprender cada día.

Jardín casa de Bandra. 16 de febrero

Transcrito del libro *La India por dentro*:

«[…] el *jñana yogui* debe contemplar el mundo con ecuanimidad y desapego, sabiendo que nada de lo que se encuentra en él puede satisfacer a nuestra alma, la cual solamente se llenará cuando encuentre dentro de sí a Dios, al *Atman* interior» (Enterría, *La India por dentro*, 2020, p. 101).

Casa de Bandra. 17 de febrero

Reflexiones de una clase de la asignatura de Pobreza y Exclusión:

Los pobres urbanos. Viven en público, en propiedad pública. A lo largo de las carreteras públicas y los raíles del tren. Usan tuberías de agua y electricidad públicas. Sin embargo, raramente son vistos como miembros legítimos de la sociedad. Más del cincuenta por ciento de la población de Mumbai vive con menos del diez por ciento del terreno. Viven en los barrios de chabolas. Hay baños públicos. Hay un retrete público para cada mil cuatrocientas ochenta y ocho personas. Y el ochenta por ciento de estos no funcionan, por ello muchas personas tienen que defecar en público. ¿Qué es lo que pasa? El concepto de residuos humanos es trasladado a ellos mismos, no tienen otra opción que hacerlo en público. Sin vergüenza, sin humanidad.

Playa Juhjuh. 19 de febrero

Dentro de unos momentos empezará una boda en el hotel. Han estado toda la tarde preparando los dorados, las flores, las luces, los escenarios. La playa que está delante está llena de gente, pero la gente va totalmente vestida y casi nadie entra en el mar.

Y me ha venido este pensamiento a la cabeza: seré siempre una «blanca». Independientemente de si vivo por muchos años en este país (u otro), seré siempre una «blanca». Tratada como «blanca». Y engañada como «blanca». Por mucho que intentase adaptarme a su cultura siempre seré «la blanca».

Casa de Bandra. 20 de febrero

Aquí con tanta diversidad, tantas espiritualidades, con tantos caminos posibles que podría probar y en los que perderme... No. Me doy cuenta cada vez más de dónde vengo y quién soy. No estoy acabada. Tengo sed. Pero sé de dónde vengo. Conozco mi esencia, mi ser, mi alma. Solo desde aquí puedo verlo con claridad.

Casa de Bandra. 22 de febrero

Traducido del libro *Annihilation of caste*:

«Algunos ejemplos y hechos sobre cómo trataban a los intocables[2], sobre las reglas de los Peshwas (*Imperio Maratha*, siglos XVII y XVIII): el intocable estaba obligado a llevar un hilo negro en la muñeca o alrededor del cuello, como una señal o marca para evitar que los hindúes se contaminaran al tocarle sin querer. Al intocable no se le permitía utilizar las vías públicas si un hindú caminaba por ellas, porque podía contaminar al hindú con su sombra. En Poona (capital de Peshwas), el intocable estaba obligado a llevar, colgada de la cintura, una escoba para barrer el polvo que había pisado, de modo que el hindú que caminara sobre el mismo polvo no se contaminara. El intocable estaba obligado a llevar una cazuela de barro colgada del cuello, dondequiera que fuera, para que su saliva no cayera sobre la tierra y contaminara al hindú que la pisara sin saberlo» (Ambedkar, 2021, pp. 21, 22).

---

2 El sistema de castas perdura desde hace más de dos mil años en la India y se basa en una condición hereditaria, transmitida de padres a hijos. En la base de la pirámide social están los *dalits* o «intocables», que no pertenecen a estas castas y a quienes se asignan trabajos considerados impuros por otras castas, como manejar cadáveres y limpiar excrementos. La constitución de 1950 prohibió que los *dalits* fueran considerados impuros o intocables por miembros de las demás castas. Aun así, son frecuentes los ataques de integrantes de las castas superiores a los *dalits*.

Norte de Goa. 24 de febrero

Hemos llegado a las seis de la mañana a Goa. Un señor nos ha llevado hasta la parte antigua de la ciudad, Fontainhas, y a la Iglesia de la Inmaculada Concepción. Recorremos las calles tranquilas, todavía sin gente, sin movimiento. Todos los nombres de las calles están escritos en portugués. Y cada casa tiene escrito el apellido de la familia, también en portugués. Hemos visto casas bonitas, arregladas, con algunos rasgos portugueses, mucho color. Goa es bonita, tropical. Hemos visto el sol naciendo, naranja y grande. La playa de Vagator es preciosa. Limpia, sin nadie, unas palmeras altas al fondo y mucho verde. Hay vacas sin dueño en la arena y perros callejeros, como siempre. Todo tranquilo. Agua caliente que parece sopa. Hay un fuerte en lo alto y pequeñas casas.

Hemos conocido a una mujer en la playa. Al principio quería vendernos collares y pulseras. Pero después de un rato nos abrió su corazón y compartió con nosotros la vida difícil que tenía. Con solo veintitrés años, una hija de cuatro y un marido alcohólico que no quiere trabajar, tuvo que dejar Karnataka y venir hasta Goa para buscar trabajo. Vende artículos por la playa. Es impresionante cómo habla tan bien inglés. Nunca fue a la escuela. Todo lo que sabe lo ha aprendido con los turistas. Trabaja, trabaja y trabaja. Vive con este hombre alcohólico que se niega a trabajar y ella acepta esta vida. El año que viene tendrá que enviar a su hija a Karnataka para que pueda estudiar. Porque el marido alcohólico no puede llevarla y recogerla aquí en Goa. Y ella tiene que trabajar. Dice que está destinada a esta vida. Que no se puede divorciar. Acepta, acepta y acepta.

Norte de Goa. 26 de febrero

Pescado fresco. Echaba de menos comer pescado.

Playa norte de Goa. 27 de febrero

Sombrillas coloridas, desgastadas por el sol y por los años de uso. Playas tropicales con palmeras, arena blanca. Hamacas de madera que parecen tener más de cuarenta años. Bares, restaurantes, personas locales y turistas, pequeñas calles con toldos de tela o de lona llenas de vendedores.

Hay tanto color, siempre. Hay una gran belleza en la mezcla de estos colores (colores vivos desgastados por los años).

Aquí casi no hay cobertura de móvil. Y eso es tan bueno.

Norte de Goa. 28 de febrero

Hemos visto cómo es el árbol del anacardo. Es curioso.

Playa Palolem, sur de Goa. 1 de marzo

Ayer llegamos al sur de Goa. Si las playas del norte ya eran muy bonitas, estas son indescriptibles. Rodeadas de palmeras, arena clara, tan limpias. Hay varios *bungalows* de madera, muy arreglados, pintados de distintos colores, y muchos barcos de madera también muy coloridos.

Toda esta naturaleza. Toda esta fuerza. ¡Hay un misterio tan grande en estas tierras!

Estoy sintiendo que aquí, en general, la gente tiene un cariño especial por los portugueses. Uno de los taxistas (que normalmente suelen ser nuestros guías) me dijo que el actual primer ministro de Portugal, António Costa, es indio. Es de un poblado que pertenece a Goa. Dijo también que los indios son muy *sossegados*.

Viaje Goa-Mumbai. 2 de marzo

El día que mis ojos se cansen y se acostumbren a la miseria, entonces ya estaré muerta. El día en el que el prójimo me sea indiferente. El día que ya no me incomode todo esto, entonces, ya estaré acabada. No me voy a acostumbrar aunque vea la miseria cada día (eso no puede suceder). De otro modo acabaría la esperanza en la humanidad. Tiene que doler siempre. Y solo puede dejar de doler cuando termine la miseria. Pero la miseria de espíritu no terminará nunca.

Solo espero que mis ojos nunca se cansen de ver. Y que mi corazón nunca se endurezca. Y que haya siempre un pequeño misterio en cada día.

Casa de Bandra. 3 de marzo

Hoy se me ha caído una pequeña lágrima.

Se me ha caído una pequeña lágrima mientras leía tu carta, sentada en el columpio del pequeño jardín.

Casa de Bandra. 6 de marzo

Fuimos a visitar el mayor barrio de chabolas de Mumbai, llamado Dharavi. Es el segundo mayor de toda Asia. Aún no consigo escribir y asimilar todo lo que mis ojos vieron. Tal vez mañana pueda. O quizá nunca lo consiga.

Hoy también se cumplen nueve años desde que tuve el accidente. Agradezco mi vida.

Sur de Mumbai. 8 de marzo

Es el día de la mujer.

Caminamos por el sur de Mumbai para ir a un evento de poesía en vivo. Caminamos junto al mar y es impresionante la contaminación que hay. Se nota el peso del aire. Miro en dirección al mar y no veo el límite del horizonte. Está todo gris. No se distingue el cielo del mar. Hay tanta niebla. No hay olor a brisa marina. Solo se pueden ver edificios muy altos y pequeñas luces en la distancia.

¿Cómo puede el ser humano provocar esto? Destruir el misterio del cielo y del mar. Destruir su perfume.

Casa de Bandra. 9 de marzo

Notas de una de las clases de la asignatura de Familia en la India sobre el impuesto pagado sobre los senos en el estado de Kerala:

«Era un impuesto que se cobraba hasta 1859 a las mujeres de la casta de los intocables (*dalits*) en Tranvacore, se aplicaba si las mujeres querían cubrir sus pechos en público. Se esperaba que, dentro del sistema hindú local, las mujeres intocables pagasen al gobierno el impuesto sobre los pechos cuando estos empezasen a desarrollarse, por la "honra" de poder andar con el pecho cubierto, símbolo de estatus de las personas de castas más altas. Y si no tuviesen el dinero, deberían andar con los pechos al aire, exponiendo su condición de miseria, o de lo contrario, enfrentándose a las autoridades. La tasa del impuesto variaba y dependía del tamaño de los pechos de las mujeres».

Hoy fuimos por primera vez al campus de la Universidad, pasados dos meses. Es enorme, tiene muchas plantas y pequeños jardines. Es curioso cómo dentro hay una casa para la directora y su familia y otros edificios para los funcionarios. Prácticamente todo aquí, incluidos los edificios, los muebles y los utensilios, está parado en el tiempo. Muy desgastado.

Al volver, estábamos en el *tuk tuk* y de pronto, al acceder a una vía rápida, una mujer y un hombre con uniformes nos obligaron a parar. Querían multarnos por no usar la mascarilla. No nos lo podíamos creer, pues prácticamente nadie la usaba, ni siquiera los policías. Al principio la mujer que se hacía pasar por policía quería que pagáramos dos mil rupias (más o menos veinticinco euros) y nos enseñó una foto que tenía en su móvil para demostrarnos que esa era la multa. Empezamos a discutir porque ya llevábamos aquí casi dos meses y sabíamos que nos querían engañar. Entonces apareció un policía de verdad que quería que pasásemos sin pagar, y al rato ya había algunas personas a nuestro alrededor discutiendo entre ellos. Finalmente, acabamos por pagar doscientas rupias (dos euros con veinte), seguras de que esto era una estafa, porque ya no era obligatorio usar la mascarilla. Y además esa misma mujer que nos engañó nos preguntó de dónde éramos y se puso a sacarse un *selfie* con nosotras, segundos después de multarnos.

Café indio en el barrio de Santa Cruz, Mumbai. 11 de marzo

Entro en un café indio. Todos me miran. Pido una cocacola. Es la primera vez que estoy sola en un café. Ya son las cinco de la tarde y puedo oír los rezos musulmanes por los altavoces que hay colocados en la calle. En Bandra, en nuestro barrio, nunca los oigo. Solo los oía cuando estaba en el hotel, aquí cerca, durante los primeros días de nuestra llegada. Solamente hay hombres. Hay *samosas* con muy buena pinta, que envuelven en papel de periódico. Cojo dos.

Pune. 12 de marzo

Tren con camas. Jardín japonés. Niños bañándose en los lagos. Guerra de agua. Bañarme como los indios, con dos cubos de agua. Templo de Ganesha. Montar en moto por la ciudad llena de tráfico. Visita al palacio de *Aga Khan*, que sirvió de cárcel a Gandhi y su mujer.

Viaje Pune-Mumbai. 13 de marzo

Revivir el momento de la alegría de los niños jugando en los lagos, bañándose y haciendo guerras de agua. Con sus familias. Qué alegría tan pura. Un niño es un niño en cualquier parte. Aquí, en Portugal, en medio de una guerra. Es solo él. Puro. Genuinamente puro. Es un estado que un adulto pierde para siempre. Es un tesoro.

Casa de Bandra. 15 de marzo

Hoy vi la película *Jai Bhim*, recomendada por una de nuestras profesoras. Es horrible ver que la discriminación basada en las castas continúa en la India. Y la tribu, representada en la película, es solo un ejemplo de tantas otras violaciones de los derechos humanos.

¿Cómo puede el ser humano ser tan cruel?

Segunda carta que escribí a mi familia y amigos con noticias de Mumbai:

Mumbai, India

15 de marzo de 2022

Querida familia, queridos amigos:

Aquí van más noticias desde Mumbai. Estamos a treinta y cinco grados, me ducho dos veces al día, y, aun así, estoy siempre sudando; el polvo de la contaminación se pega a la piel.

Se nota mucho la polución, y cuando paso por una playa no puedo distinguir la línea del horizonte que separa el mar del cielo. Se ve siempre mucha niebla.

Cuando como comida india ya puedo hacerlo con la mano derecha, y, si el restaurante es del sur de la India, normalmente se sirve en una hoja de platanero, en vez de en un plato. Me gusta el té, pero todavía no puedo disfrutar del picante. Solo tuve una vez diarrea y fue por haber comido en un restaurante italiano (esperaba que mi organismo estuviera habituado) y no en uno indio. Estoy teniendo oportunidad de visitar distintos lugares y de pasear bastante. Goa ha sido uno de los lugares más bonitos en los que he estado, con playas maravillosas donde las vacas paseaban por la arena con naturalidad. En la parte antigua los nombres de las calles y de las casas estaban escritos en portugués, y la mayoría de las personas con las que hablé tenían un cariño especial por los portugueses. Goa es de los pocos lugares de India donde se puede comer carne de vaca, y he podido comer buen pescado fresco.

Estos primeros meses estoy recibiendo clases en la Universidad. Todas las asignaturas que he elegido están relacionadas con la India y tratan temas sobre las castas y las clases, el género y la mujer, la familia, la pobreza urbana y la exclusión, la comunidad y la salud mental. Estoy aprendiendo tanto, y lo más interesante es que todos los ejemplos están contextualizados en la India, siempre hay algo nuevo. Hay historias y situaciones que yo ni siquiera sabía que existían, y muchos de los temas me perturban. Comparto tres ejemplos que me impresionaron (y me siguen impresionando):

La forma en la que la sociedad está organizada, así como el sistema de castas hindú, que es muy antiguo y complejo. Y, a pesar de que en la constitución de 1950 había sido prohibido que los intocables (dalits) fuesen discriminados y considerados impuros, todavía permanecen y prevalecen muchas discriminaciones y persecuciones hoy en día. Se ve claramente en el día a día y en las relaciones entre las personas (mi visión está siempre limitada a mi perspectiva y a lo poco que sé y conozco).

En una de las clases sobre Familia en la India, la profesora nos habló sobre las mujeres llamadas «watter wives». En la India está prohibida la poligamia, pero en ciertas aldeas o pueblos donde el agua es escasa, los hombres pueden casarse con dos o tres mujeres, solamente para poder tener a alguien que recoja el agua. Por eso con una de las mujeres tienen los hijos y las otras dos sirven para traer agua. Estas salen de casa cada mañana para recorrer largos caminos, hasta poblados vecinos, y vuelven cargando el agua.

También quiero contaros otro ejemplo, sobre las mujeres Devadasi. Son mujeres que se casan con dios. Devadasi significa «sierva o esclava de dios». Estas mujeres de castas más bajas están sometidas y dedicadas a dios. Son conocidas por sus bailes y sus danzas en los templos. Pero lo que sucede en realidad es que se convierten en esclavas sexuales. Muchas de ellas ni siquiera han llegado a la adolescencia y no han recibido ninguna educación. Están destinadas a esta vida.

Fuimos también con una ONG al mayor barrio de chabolas

de Mumbai, se llama Dharavi (os he hablado de ello en la última carta), donde viven más de un millón de personas. Se encuentra solamente a una parada de tren de distancia de mi casa (y nosotras estamos viviendo en una zona bastante buena de la ciudad). Los barrios de chabolas parecen auténticas ciudades. Están organizadas y divididas entre diferentes comunidades. En cada zona viven personas llegadas de las mismas regiones de la India. Por eso dentro del mismo barrio de chabolas hay comunidades que hablan diferentes dialectos, que tienen diferentes costumbres y diferentes rasgos físicos (la India es tan grande que las personas tienen rasgos distintos y es posible distinguirlos). Las condiciones son horribles, inhumanas, indescriptibles. Hay algunas «casas» donde ya está viviendo una tercera generación (los hijos y los nietos nacieron allí y no conocen otra realidad).

Lo que os cuento son solamente detalles, porque todo es muy complejo. Y la mayoría de las cosas no las comprendo. Intento no juzgar. Podría contaros muchas cosas. Estoy escribiendo, escribo casi todos los días, aunque sea una pequeña frase. Pero escribo de una forma cruda y casi literal sobre aquello que veo y oigo. Porque todavía me es difícil digerir lo que vivo cada día. Quizá dentro de unos meses tenga la capacidad de reescribirlo, de contarlo y de compartirlo.

Os mando un abrazo muy grande, con ganas de veros.

Maria

Salgo a la calle y se acercan varios niños descalzos. Dicen «Ma'am, Ma'am». Venden productos como pañuelos de papel o bolígrafos. Otros simplemente tienden la mano pidiendo dinero. Suplican. Les digo que no. No les miro a los ojos. Los ignoro. Y normalmente continúan siguiéndonos durante un rato. ¿Quién eres tú? ¿De dónde vienes? ¿Dónde vas a dormir esta noche? ¿Has ido a la escuela algún día? ¿Has dibujado alguna vez? ¿Has jugado hoy con tus amigos? Estas son mis preguntas para ti.

Agra. 16 de marzo

Un grupo de niños nos ha llevado hasta lo alto de su aldea, hasta un cementerio musulmán de piedra azul que estaba lleno de cabras. Queríamos ver el Taj Mahal. Lo vimos a lo lejos con la puesta del sol. Había un pavo real.

Agra. 17 de marzo

Qué día. Nos hemos despertado a las cinco de la mañana, salimos de la pensión (creo que ha sido uno de los peores sitios donde me he quedado a dormir), por el camino de tierra se oían las vacas y ya había mucha gente despierta. Tomamos un *masala chai* a las puertas del Taj Mahal y seguimos. No tengo palabras para describir tanta belleza. Ver el nacimiento del día en aquellos jardines, con aquella vista indescriptible. Había todavía poca gente, por eso pudimos pasear con tranquilidad y disfrutar de todo aquel espacio. Después, fuimos hasta el mercado local. Pronto nos dimos cuenta de que era un lugar poco agradable para estar. Solo había hombres. Nosotras éramos las únicas «blancas». Me sentí incómoda. Compramos cada una un sari por doscientas cincuenta rupias (más o menos tres euros), pero carecían de blusa y además el mío estaba roto.

Estábamos ya un poco desesperadas por salir de aquellas calles, cuando de pronto apareció en un *tuk tuk* nuestro ángel de ese día. Un señor nos preguntó en un inglés muy bueno si queríamos entrar. Nos acompañó todo el día sin pedirnos una rupia, le daríamos lo que considerásemos justo. Nos llevó a visitar el *Agra Fort,* donde se quedó esperándonos. Nos llevó también a desayunar y a la estación del tren. Nos dijo que solo se marcharía cuando le avisásemos de que todo estaba en orden con nuestros billetes. Y fue lo que nos salvó. Llegamos a la estación y habían cancelado nuestros billetes (que habíamos comprado con un mes de antelación). Nadie nos supo explicar el porqué. Compramos unos billetes para el autobús y el señor, una vez más, nos llevó a comer y nos acercó hasta la parada de los autobuses.

Qué día tan largo. Desde la parada aún tuvimos que hacer dos viajes en furgoneta para llegar al lugar en el que estaba el autobús. Estábamos agotadas. Entramos en un autobús con camas y cortinas que separaban los asientos (muy típico para los viajes largos). Nuestros asientos estaban en el piso de abajo, por eso sentimos cada salto y cada bache de la carretera a lo largo de todo el viaje. Cuando ya estaba casi dormida, agotada de ese día, oímos de pronto un estruendo y empezó a entrar mucho humo dentro del autobús. Nos levantamos de un salto sin pensar y sin coger nada. Intentamos salir lo más rápido posible. ¡Un neumático había reventado en medio de la nada! Esperamos tres horas hasta que vinieron a cambiar la rueda. Intentamos comunicarnos con el conductor en una mezcla de inglés con algunas palabras en hindi. Y él, muy preocupado, nos dijo que no nos alejáramos mucho del autobús porque allí cerca había unas comunidades peligrosas y no sabía bien lo que podían hacer (nunca llegué a entender lo que quiso decir con aquello). Por fin llegamos a la ciudad de Udaipur a la mañana siguiente con unas pocas horas de retraso.

Udaipur, la ciudad blanca. 21 de marzo

Celebramos el *Holi Festival*, ¡la fiesta de los colores!

Aquí no hay ninguna iglesia cristiana. Hay muchos musulmanes y muchos templos hindúes. Una ciudad con lagos y edificios con rasgos árabes.

Casa de Bandra. 23 de marzo

Hoy escribo sobre el hombre de seguridad de nuestra casa. No sé tu nombre, no conseguimos comunicarnos. Pero amablemente, cada mañana, me saludas con una sonrisa. Vives aquí. Duermes todas las noches en un colchón, delante del portal que está cerrado con un candado. No tienes techo, duermes bajo el cielo de Mumbai. No sé dónde te lavas ni dónde haces tus necesidades, porque no tienes ningún baño. Cocinas con un *camping gas*, y todos tus objetos están guardados en una pequeña cabina portátil. Lavas tu ropa en el grifo del jardín. Y la vajilla también. Y las dejas secando en el suelo. Han pasado dos meses desde que estamos aquí y siempre estás tú, las veinticuatro horas del día. ¿No tienes familia? ¿No puedes visitarla? ¿No tienes ni un día de descanso? Hay tantas cosas que no entiendo.

Estaba sentada en el columpio del jardín y el gato vino a acariciarme.

Casa de Bandra. 24 de marzo

Un *scavenger* en la India es una persona que se encarga de recoger la suciedad, la basura de las calles, los excrementos humanos de las letrinas. Los *scavengers* raramente disponen de cualquier equipamiento de protección personal. Este trabajo es considerado como una práctica inhumana. Este tipo de trabajos de limpieza están estrictamente ligados a la casta de los intocables *(dalits)*.

Casa de Bandra. 25 de marzo

Transcrito del libro *La India por dentro*:

«El peregrino que dirige sus pasos a un lugar sagrado está manifestando exteriormente un movimiento interior» (Enterría, *La India por dentro*, 2020, p. 206).

Casa de Bandra. 29 de marzo

Me preparo para ir a Benarés.

Benarés: *Kashi*, la ciudad espiritual del hinduismo. Ciudad de la luz. Fundada por el dios Shiva hace más de cinco mil años. Morir en Benarés es una causa de liberación para los hindúes. Una salvación instantánea. Morir en Benarés significa quebrar el ciclo de las reencarnaciones, limpiar el *Kharma* y acceder a la salvación eterna alcanzando el *moksha*.

Transcrito del libro *La India por dentro*:

«El hombre de conocimiento y contemplación es considerado en la cultura india como superior al hombre de acción. El ideal indio no se ha encarnado nunca en el conquistador militar, el rey poderoso o el rico mercader […]. El *sadhu*[3] se dedica a investigar el lugar y papel del ser humano en el universo y se esfuerza por descubrir y manifestar su divinidad humana […]. Los *sadhus* renuncian al mundo. Tenían que convertirse en mendigos de dios. Para entrar en la orden de *saniasa*, el individuo tenía que realizar los ritos funerarios para su alma…» (Enterría, *La India por dentro*, 2020, p. 224).

Casa de Bandra. 30 de marzo

El zapatero de la calle me ha sorprendido. Le llevé mis sandalias para ver si las arreglaba y también mis chancletas (que pensaba que no tenían arreglo). En pocas horas me arregló las dos. Las sandalias están como nuevas, y todo me ha costado ciento setenta y cinco rupias (casi dos euros). Si estuviera en Portugal puede que ya las hubiera tirado a la basura y comprado unas nuevas.

Casa de Bandra. 31 de marzo

Ayer me reuní con el director de la organización donde

---

3 *Sadhu* es un asceta religioso, mendigo o cualquier persona santa en el hinduismo, el budismo y el jainismo, que ha renunciado a la vida mundana. A veces se les denomina alternativamente *yogui, sannyasi* o *vairagi*. *Sadhu* significa alguien que practica una *sadhana* o que sigue con entusiasmo un camino de disciplina espiritual.

voy a hacer el trabajo de campo durante los próximos dos meses. Estoy contenta y agradecida por el recibimiento. Sé que en dos meses apenas voy a poder contribuir algo a la organización[4]. Pero siento que tengo que hacerlo aquí, con ellos.

La organización es una empresa social cuya misión principal es la de empoderar a las mujeres que vienen de contextos desfavorecidos, principalmente de los barrios de chabolas de Mumbai, volviéndolas económicamente independientes. Esta organización pertenece a la Organización Mundial del Comercio Justo, y está muy relacionada con países occidentales como España, Francia o Italia. Las mujeres que participan en la organización reciben formación y trabajan en pequeños grupos (cooperativas), y una de ellas es la líder. Son pagadas con un salario digno por su trabajo, reciben acompañamiento social y pueden participar en programas de ahorro y crédito. Muchas de ellas ni siquiera tienen cuentas bancarias y les resulta imposible pedir préstamos a los bancos. Sus hijos tienen acceso a becas de estudio. Estas familias consiguen escapar del ciclo de pobreza en el que estaban atrapadas.

---

4 He preferido no mencionar aquí el nombre de la organización, pero si alguien está interesado, con mucho gusto y confianza compartiré la información.

Benarés. 31 de marzo

Asistimos a una *puja*[5] en uno de los *ghats*[6] principales. Estaba lleno de gente y de barcos de madera. Parecía un auténtico espectáculo: con fuego, incienso, bailes. Quedamos con Álvaro Enterría[7], que amablemente nos invitó a cenar en su casa. En la planta baja Álvaro y su mujer tienen un restaurante. Nos llevó a su despacho que estaba lleno de libros. Conocimos a su mujer y a su sobrina. La cena estaba buenísima. Álvaro vestía una falda de tela blanca que le llegaba hasta los pies. No tengo palabras. Qué maravilla la de poder hablar durante ese tiempo con este señor.

Benarés. 1 de abril

Desperté a las cuatro y cuarenta y cinco de la mañana, en una habitación llena de literas, con un calor insoportable. Abrí la puerta y entró una brisa muy fresca. Cogimos un barco de madera y vimos el amanecer en el río

5 La *puja* es un acto y ritual de adoración y comunicación con lo divino, realizado por los hindúes, budistas y jainistas. Para los hindúes, la *puja* puede realizarse a diario en casa o en el templo como ritual sagrado. O también en ceremonias y festivales importantes.

6 *Ghat* es un término utilizado en el subcontinente indio para referirse, en este caso, a una serie de escaleras que dan acceso al río Ganges. A través de los *ghats* se pueden tocar las aguas sagradas.

7 Álvaro Enterría es el autor del libro *La India por dentro*, que me acompañó durante mi estancia en la India. Álvaro es de España, visitó la India por primera vez en 1981 y ha vivido allí hasta hoy. Se casó con una india llamada Arati y tuvieron dos hijos. Ha escrito muchos otros libros, entre ellos *El destino y el Dharma*, que también cito en este diario. Conseguí ponerme en contacto con él y quedamos en vernos cuando fuera a Benarés.

Ganges con la vista a todos los *ghats*. El Ganges es considerado un río sagrado, los hindúes creen que el río está personificado por la diosa Ganga.

A esa hora ya había mucha gente despierta, muchos se estaban bañando en el río y estaban haciendo sus rituales. Celebrando pujas. Parece que cada familia, cada grupo, tiene rituales distintos. No entiendo nada. Solo veo. Bebimos un *masala chai* en la calle. Vimos muchos *sadhus*, peregrinos y dos *sadhus* que se cubrían de ceniza y que supuestamente son más radicales (dicen que comen carne humana y practican magia negra). Desde uno de los *ghats* hasta el restaurante de Álvaro Enterría, recorrimos un callejón interior cerrado donde yacían muchos *sadhus* peregrinos.

Benarés. 2 de abril

Visitamos el crematorio principal. Hay personas que vienen a morir aquí, otras que murieron en sus lugares de origen. Sus familias traen los cuerpos o, si no pueden, traen las cenizas. Cada familia compra los kilos de leña necesarios, prepara el fuego, lleva el cuerpo envuelto en un paño, le pone una manteca purificada llamada *Ghee*, que ayuda a que el cuerpo arda más rápido. Normalmente el hijo mayor se afeita el pelo y se viste todo de blanco, coge un poco de hierba y va al «fuego sagrado», enciende la hierba, y lleva el fuego sagrado para encender el fuego del cuerpo. El «fuego sagrado» fue encendido hace más de tres mil años por Shiva y nunca se ha extinguido hasta ahora. Hay una familia de casta inferior que se encarga de mantener el fuego encendido en todo momento (duermen allí). Solo los hombres pueden entrar en la zona donde queman los cuerpos. Porque si entran las mujeres se ponen a llorar. Y está prohibido llorar allí durante el ritual de cremación.

Los huesos que no llegan a quemarse se mandan al río Ganges. Hay un grupo de hombres encargados de transportar las cenizas, a los que se les permite buscar joyas que pertenecían a los muertos y que suelen vender. Benarés no es un buen lugar para comprar joyas u oro (se dice que muchas vienen de los muertos).

En este crematorio principal solo se pueden quemar los cuerpos si la muerte es natural. Si se debe a un accidente, asesinato, suicidio... hay otro crematorio más pequeño. Las mujeres embarazadas, los niños y los *sadhus* no son cremados. Porque se les considera almas santas o sagradas, y por eso cuando mueren se les lanza directamente al río Ganges, atados con una piedra. Hay una zona junto al crematorio, una especie de residencia, donde acogen y tratan a la gente que se está muriendo o que está esperando la muerte. Todo esto nos lo contó un voluntario que nos enseñó cada parte del crematorio.

Hemos comido en el restaurante de Álvaro Enterría y de su mujer. Fue muy amable, hablamos mucho.

Benarés. 3 de abril

Me preguntaron: «¿Cuál es tu mayor miedo?» Respondí: «Dejar de creer. Empezar a vivir como un mero animal. Vivir por vivir. Sin creer en nada. Sin esperar nada. Sin esperanza. Ser un cuerpo sin alma. Ser un alma muerta. Sin apreciar un libro, una canción, un cuadro, una mirada. Ese es mi mayor miedo».

Estamos mal de la tripa, queremos llegar a casa.

Casa de Bandra. 4 de abril

Primer día del trabajo de campo en la organización.

Nunca había recibido tantas sonrisas de mujeres. ¡Me acogieron tan bien!

Ahora pienso en lo que nos dijo Álvaro Enterría: «Vosotras sois mujeres, tenéis el privilegio de poder relacionaros con las mujeres indias. Los hombres, como yo, no podemos. No podemos acercarnos, porque está mal visto».

Las mujeres tienen tanta fuerza. Siempre nos sonríen,

nos protegen de otros hombres. Yo soy una mujer, como ellas. Somos mujeres.

Casa de Bandra. 5 de abril

Tengo *saudades* de aquellos a quienes quiero. De mis hermanos.

Casa de Bandra. 6 de abril

Transcrito del libro *El destino y el dharma*:

«Muy distinta del occidente del que yo provenía, recuerdo que la India me parecía mucho más cercana al estado "normal" de la humanidad a lo largo de su historia» (Enterría & Náyak, *El destino y el dharma*, 2021, p. 43).

Casa de Bandra. 7 de abril

Transcrito del libro *La India por dentro*:

«[...] toda persona que haya vivido un tiempo en otra cultura distinta a la suya sabe que no se pueden utilizar conceptos y valores de una cultura para juzgar a otra» (Enterría, *La India por dentro*, 2020, p. 293).

Respuesta de Álvaro Enterría a mi correo:

«Como ya hablamos, lo mejor que la India puede darnos es relativizar nuestros axiomas y creencias, y comprender que hay muchas formas de concebir la vida y el universo».

Casa de Bandra. 9 de abril

A veces me detengo un momento y empiezo a pensar que estoy viviendo en la India. Y cómo estos tiempos están teniendo impacto en mi forma de vivir y concebir la vida. No sé cómo reaccionaré cuando vuelva. ¿Cómo veré las cosas? ¿Las personas, las relaciones? ¿Cómo reaccionaré ante los problemas y contratiempos? ¿Encajaré en la sociedad de la que vengo? Yo soy la misma. Maria. Pero más tolerante y más madura. Y con la conciencia de que hay otra realidad muy diferente a la que estaba acostumbrada. Y de que ser mujer en Portugal o España es un privilegio. Aquí las mujeres son *didis*[8] con nosotras. Son protectoras con nosotras. Porque somos una de ellas.

---

8 *Didi* en hindi significa «hermana mayor». Las mujeres suelen llamarse *didi* en lugar de por su nombre.

Casa de los españoles. 10 de abril

Ayer me reuní con dos de mis compañeras de clase para preparar un trabajo. Me contaron muchas cosas sobre la India y hablamos sobre todo del conflicto entre India y Pakistán en la zona de Cachemira. Siento que es como si fuera tabú. Hasta ahora nadie había mencionado nada sobre el conflicto en nuestras clases. Ni los profesores ni los compañeros. Y yo estoy estudiando un máster sobre acción humanitaria internacional.

Hoy hemos dejado la casa del jardín. Todo ha ido bien. El hombre de seguridad estaba con pena (al menos eso es lo que he entendido por los gestos que hizo). Vamos a quedarnos unos días en casa de nuestros amigos españoles hasta que nos mudemos a la segunda casa. Me he pesado. He adelgazado tres kilos desde que llegué a la India.

Hace mucho calor.

Aquí no hay silencio.

Hoy he visto a un bebé, debía de tener uno o dos años, al borde de una carretera aquí en el barrio de Bandra. Prácticamente desnudo haciendo caca en un desagüe. Cuando terminó cogió un periódico y empezó a recoger su caca. No había adultos ayudándole. Era muy pequeño. Estos últimos días parece que estoy viendo más gente tirada en la calle. No sé si es por el calor. O porque me estoy fijando más. Pero hay tanta gente, casi siempre muy delgada y frágil. El contraste entre riqueza y miseria sigue impresionándome.

Casa de los españoles. 11 de abril

Aquí en el salón tengo una vista despejada porque estamos en el octavo piso. Se puede ver la línea de tren, muchos árboles y la mezcla entre edificios altos y barrios de chabolas. Esta ventana me ayuda a descansar la mirada. Puedo contemplar, cosa que echo de menos porque aquí casi nunca estoy sola.

Oficina de la organización. 12 de abril

Hemos visitado una de las comunidades con otra organización llamada *One stop centre*. Presentaron una sesión acerca de setenta mujeres de la comunidad sobre violencia de género y doméstica. Presentaron los diversos servicios que presta la organización, como alojamiento veinticuatro horas durante los siete días, atención sanitaria básica y alimentos, apoyo jurídico y protección... Mencionaron la organización *Bandra Family Court* (que yo ya conocía de las clases de Familia en la India). La sesión fue en hindi, así que no entendí nada. Me senté con las mujeres. Las miré y sonreí. También había niños. Todas las mujeres son muy amables conmigo.

Durante la sesión, apareció un hombre e inmediatamente varias mujeres empezaron a hablar en voz alta para echarlo. Este es un grupo solo de mujeres. Se siente una gran fuerza cuando estoy entre ellas. Casi se me saltan las lágrimas. Puedo aportar poco a esta organización. Pero me han abierto la puerta y me dejan participar libremente.

Casa de los españoles. 13 de abril

Transcrito del libro *La India por dentro*:

«En la India está prohibido indicar el sexo de los futuros hijos por ecografía, pues es relativamente común el aborto de los fetos niñas» (Enterría, *La India por dentro*, 2020, p. 302).

A veces siento que no tengo el tiempo o la distancia para poner en perspectiva todo lo que estoy viendo y viviendo. Quizá solo más tarde pueda reflexionar sobre muchas de las cosas que me están sucediendo.

Oficina de la organización. 14 de abril

He pasado la mañana con las mujeres del programa *Asli Food*[9]. Llegué a las ocho y media de la mañana. Antes de las nueve ya estaba pelando patatas y cortando tomates en la cocina. Todas me acogieron con sonrisas. Trabajamos toda la mañana y preparamos más de ciento ochenta menús de comida. Lo más difícil fue amasar y extender el *chapati*[10] con el rodillo. Lo hacen tan rápido y tan perfecto. Hicieron más de seiscientos esa mañana. Y yo ni siquiera podía hacer uno. Los puse en los enormes fogones y los giré con la espátula. Lo más difícil fue repartir las comidas. Iba en un *tuk tuk* con una de las mujeres (siempre me hablaba en hindi o maratí), llevábamos cuatro bolsas grandes e íbamos a varios edificios de oficinas a vender los menús. Es duro, porque pesa y tenemos que subir y bajar y caminar. Y esta mujer ya tenía cierta edad (siempre es difícil adivinar la edad de las mujeres indias). Los clientes se sorprendían al verme acompañándola. Se ponían a hablar en hindi o maratí entre ellos, y yo no entendía nada. Una vez entendí la palabra «*charity*». Volvimos a la organización a las dos y media de la tarde.

Ahora estoy agotada. Quizá sea también por el calor que hace. He comido con ellas, les he dado las gracias y me he ido.

---

9 *Asli Food* es uno de los programas de la organización en el que un equipo de mujeres prepara y reparte cada día comidas para llevar a oficinas y a otras personas.

10 El *chapati* es un pan sin levadura, redondo y plano, típico de la India, que suele elaborarse con harina integral y cocinarse a la plancha.

Velas, Festival de la tortuga. 15 de abril

Qué viaje en autobús... Pensábamos que era un *sleeper bus*. Y es tan pequeño que no puedo ni estirar las piernas... ¡Qué locura! Tardamos ocho horas en recorrer doscientos kilómetros...

Velas, Festival de la Tortuga. 16 y 17 de abril

Esta Pascua será memorable.

Nos alojamos en una *homestay house*, una especie de albergue dentro del pueblo. Dormí en una habitación con unas quince mujeres indias. En el albergue debía de haber más de setenta personas, familias, jóvenes, abuelos... Había unos cuatro cuartos de baño. Tuve que ducharme con cubos. Estaba con la regla y casi no había nada limpio. Dormíamos en el suelo. Las comidas las preparaban las mujeres de aquel pueblo en una cocina improvisada al aire libre. Todo se cocinaba en hogueras, incluso el *chapati*. Nos sentábamos en el suelo. Guardo esta imagen en mi memoria. Nos servían en el suelo con una hoja de platanero. Sentí una mezcla de ambiente familiar, porque nos acogió la gente del pueblo, con muchos desconocidos.

Vimos cómo nacían las tortugas y cómo las llevamos al mar a las seis de la mañana. Pudimos bañarnos. Hacía tanto calor que ni siquiera el agua parecía refrescarnos.

Nueva casa, Pali Village. 18 de abril

Nos hemos mudado de casa.

Estoy haciendo un trabajo de grupo para la asignatura de Familia en la India sobre familias afectadas por conflictos. Conseguimos entrevistar a una chica de mi clase de Cachemira; a una mujer ucraniana que huyó a Eslovenia; a una chica cuyo padre fue uno de los policías que murieron en los atentados de Mumbai de 2008; y a otra chica de Somalia que tuvo que huir debido al conflicto. Todo gracias a la tecnología.

Casa Pali Village. 19 de abril

Vi en cierta comunidad un templo hindú, uno budista y una mezquita. Y tengo una fotografía de dos casas vecinas con dos puertas una al lado de la otra, una hindú y otra musulmana.

Comunidades de chabolas. 20 de abril

Soy tan privilegiada.

Hoy hemos ido con un grupo de la Universidad y con la profesora de la asignatura de Pobreza y Exclusión Urbana a algunas comunidades de chabolas, donde han estado desarrollando algunos proyectos sociales durante los últimos años. Se han construido baños públicos en los que cada persona tiene que pagar dos rupias (más o menos dos céntimos) cada vez que lo utilicen. Han elaborado documentación para legalizar las casas, han creado un espacio seguro para que los niños y los adolescentes puedan estudiar.

He visto pasillos entre las casas sin luz natural, donde solo pasa una persona a la vez, pues están construidas muy juntas. Había agua desbordada por todas partes, el sistema de saneamiento es desastroso o a menudo inexistente. He visto casas de hojalata encima de la línea del ferrocarril. He visto casas de lona sin electricidad, sin agua, sin paredes. He visto muchos niños pequeños jugando en los montones de basura.

¿Cuál es la solución?

No la hay. Los barrios de chabolas alcanzan dimensiones gigantescas. No puedo seguir escribiendo. Estoy muy cansada. Se me caen las lágrimas al pensar que estas realidades no acabarán nunca.

Casa Pali Village. 21 de abril

He visto tantas cosas desde que llegué en estos tres meses. Cada día hay algo que me impresiona. Pero parece que lo de ayer fue la culminación de todo, algo que hasta roza la frustración. Porque esto no acabará nunca. Estas condiciones inhumanas tienen dimensiones que casi me dejan sin esperanza. Esta pobreza urbana es muy diferente de la pobreza rural que vi en Pascua. Aquí en la ciudad se da la más cruda lucha por la supervivencia.

Casa Pali Village. 23 de abril

Ayer fue uno de los días más especiales que he vivido desde que llegué. Celebramos el día de la mujer (aunque oficialmente fue el mes pasado) en una de las comunidades, ya en las afueras de Mumbai, donde suelo ir con la organización. Montaron un espacio enorme con cañas de bambú, telas de colores vivos y alfombras. Debía de haber más de ochenta mujeres. Bailamos, jugamos, algunas dieron un discurso o leyeron un poema. Sonreían mucho. Iban vestidas con saris de colores, joyas y collares. Llegué pronto para ayudar en la preparación. Querían vestirme con un sari, y me encantó la idea. Primero fuimos a casa de una familia a por unos *leggings* para que me los pusiera debajo. Luego fuimos a casa de una de las mujeres a por el sari. Era azul brillante con una blusa rosa. Había ocho mujeres a mi alrededor preparándome. Pasé por el agua y me vistieron. Se reían y hablaban entre ellas y yo no entendía nada. Una de ellas hablaba inglés y me dijo que decían que parecía una película en la que «una extranjera» se casa con un indio. Fue una animación.

Me llenaron de oro falso, collares, pendientes que me colgaban del pelo, un *piercing* (falso) en la nariz. Me peinaron y me llenaron de flores. Me sentí como una princesa. Fue una tarde maravillosa. No entendía casi nada de lo que decían, pero me bastaba con sentir el ambiente de alegría y fuerza de estas mujeres. Al final, algunas chicas más jóvenes y algunos niños aparecieron y todos empezamos a bailar juntos una danza tribal. Los hombres no entraron. Fue un día para las mujeres. No tengo palabras para describir la fortaleza de estas mujeres siempre con una gran sonrisa.

Casa Pali Village. 25 de abril

Una mujer de 29 años vino a la organización en busca de apoyo porque sufre violencia doméstica por parte de su marido. Tiene dos hijos pequeños. Ya había pedido ayuda hace unos años. Pero ahora ha pedido apoyo con el proceso de divorcio. Vive con sus hijos en casa de una hermana. Su marido tiene otra relación.

He estado ayudando a organizar las carpetas de documentos de los casos de los niños que participaron en el programa de Educación[11] y que ya han terminado.

---

11 La organización tiene programas de becas de educación para niños, mediante convenios con otras ONGs de otros países que ayudan a encontrar personas que «apadrinen» la educación de un niño. Los programas suelen durar hasta que el niño termine la educación superior.

Muchos han terminado porque los niños han crecido y terminado los estudios. Fueron historias de éxito, en las que sus familias pudieron salir de este ciclo de pobreza al que estaban «destinadas». Pero me doy cuenta de que otros casos terminan porque los niños mueren de enfermedades que yo creía que ya estaban erradicadas. Como el caso de esta niña cuyas hermanas y ella murieron de tuberculosis.

Fuimos a celebrar el cumpleaños de una de nuestras amigas a un bar más sofisticado. ¡Pagué veintitrés euros! ¡Mi comida en la organización cuesta sesenta céntimos!

Casa Pali Village. 27 de abril

Transcrito del libro *El destino y el dharma*:

«En última instancia, solo existe *Brahman*[12] —idéntico a nuestro *Atman*[13]—, nuestra esencia e identidad más profunda. *Atman-Brahman* es inabarcable por la mente, pues, al estar más allá de cualquier limitación y dualidad, transciende todos los conceptos. [...] Debemos buscar nuestro *Atman*, nuestra realidad verdadera y permanente más allá de la mente cambiante» (Enterría & Náyak, *El destino y el dharma*, 2021, p. 137).

12 *Brahman* connota el principio universal más elevado, la realidad última del universo.

13 *Atman* uno de los conceptos más básicos del hinduismo, el yo universal, idéntico al núcleo eterno de la personalidad que tras la muerte transmigra a una nueva vida o alcanza la liberación (*moksha*) de los lazos de la existencia.

Calles de Mumbai. 28 de abril

Salgo de casa a las seis de la mañana y camino sola por las calles de Mumbai. No hay nadie. Las calles están completamente vacías. Los carros de los vendedores de frutas y verduras están cubiertos de telas; vacíos. No suenan bocinas. Incluso podría atreverme a caminar con los ojos cerrados. Qué silencio tan fuerte en esta caótica ciudad de más de veinte millones de habitantes. Qué tranquilidad.

Pasamos el día en un parque acuático de Virar con los niños de la organización. Salimos a las siete y media de la mañana de Andheri. Viajamos en dos autobuses, a mi lado había una niña que vomitaba. Recorrimos carreteras estrechas. El autobús golpeaba las ramas y los arbustos que tenía delante. Los niños estaban felices. Me llamaban *didi* todo el tiempo. Me metí en aquellas aguas y piscinas toda vestida. El viaje de vuelta fue distinto. Había tanto tráfico que tardamos cuatro horas y yo estaba tan incómoda que no podía dormir.

Viaje Kerala, Cochin-Munnar. 30 de abril

Ruta en autobús. Selva y lianas. Todo tan verde. Lluvia. Frescor. Aquí los hombres llevan una tela en forma de falda. La gran mayoría lleva falda. Parece más cómodo y más fresco. No veo basura. Las carreteras son buenas.

No se ve la miseria de Mumbai. Mirada renovada. Hay muchas iglesias y la mayoría de la gente es cristiana.

Munnar. 1 de mayo

Autobús sin ventanas que parece tener muchos años. Caminos de plantaciones de té. Los trabajadores y sus familias (muchos vienen de Tamil Nadu) viven en comunidades dentro de los campos de las plantaciones. Cobran trescientas rupias (unos tres euros con setenta) al día, y cada uno tiene que recoger veinticinco kilos de hojas a diario. De la misma planta se pueden hacer cuatro tipos diferentes de té (negro, verde, blanco e infusiones). Depende de cómo se corten las hojas. Vimos dos elefantes salvajes a lo lejos en la selva. Caminamos con la mochila por las plantaciones hasta llegar al campamento donde dormimos. Al día siguiente vimos el amanecer en el pico de una montaña. En este lugar estábamos en la frontera entre el estado de Kerala y el de Tamil Nadu. Bajamos en un *jeep* y salimos en dirección a Alleppey.

Alleppey, Varkala. 2 de mayo

Amanecer en el barco de madera. No había nadie más.

Vimos cientos de patos. Qué paraíso. Nos recibieron en el albergue del Sr. Valentine, una casa de campo situada en medio de un pequeño pueblo. Desayunamos y comimos todo preparado por su ayudante, que tenía un nieto encantador. Las casas están rodeadas de arrozales y pequeños arroyos. Aquí hay tanto silencio. Solo se oyen los pájaros y otros animales. Terminamos el día en Varkala. Nos bañamos en el mar y cenamos muy bien. Aunque yo estaba un poco triste porque nos pasamos con la comida y desperdiciamos mucho.

Varkala. 3 de mayo

Despertar a las ocho y media y no a las cuatro de la mañana como en los días anteriores. Relajarnos y disfrutar de la playa.

Casa Pali Village. 4 de mayo

Nos despedimos de nuestra profesora de hindi. Me dio pena que tuviéramos que dejar la clase. Sentí que la profesora nos tenía cariño. Y nosotras a ella. Al final, saber un poco de hindi resulta esencial para que la gente nos trate con más cariño y nos sintamos más respetadas.

Casa Pali Village. 6 de mayo

La India está transformando mi forma de ver el mundo y la realidad que me rodea. Siento que mis ojos empiezan a cansarse de ver tanta miseria (y riqueza a la vez). Es una nueva acumulación cada día. Y me acompaña una constante falta de esperanza. Los niños y las mujeres, en cambio, tienen una fortaleza enorme y son ellos los que me inspiran y me dan ánimos. A veces me entra un poco de miedo cuando pienso en cómo me enfrentaré al mundo al que pertenezco. He visto tanto aquí y he vivido tanto. Parece que han pasado dos años, porque cada día es muy intenso.

Casa Pali Village. 8 de mayo

Transcrito del libro *El destino y el dharma*:

«Swámiji, como buen brahmán, había sido siempre vegetariano y nunca había bebido alcohol. [...] Tampoco ha tenido nunca contacto con ninguna mujer. En España, una sociedad muy hedonista, una persona así provoca burla y desprecio: "¡Se ha perdido lo mejor de la vida, no ha hecho nada!". Y, sin embargo, es la persona más completa con quien el destino nos ha enfrentado. Esa vida de disciplina natural y renuncia (*tapasya*) le ha dado una enorme fortaleza mental que es evidente para quien lo conoce. Cuando se renuncia a algo, uno se hace independiente de eso. El mundo exterior, bajo ese aspecto, deja de afectarnos. La renuncia a todo, como hace un *sannyasi*, es la libertad total. Renunciar no quiere decir que no se pueda disfrutar de la belleza de las cosas y la gente […], sino no depender de ellas. No implica la frialdad e indiferencia con respecto a las personas, pues la renuncia va acompañada de compasión (*karuña*)». (Enterría & Náyak, *El destino y el dharma*, 2021, pp. 160, 161).

Oficina de la organización. 9 de mayo

Una mujer con lágrimas en los ojos llamó a la puerta de la organización pidiendo ayuda. Sufría violencia doméstica. Y solo hoy ha venido. Pide protección. Está en casa de su madre con sus tres hijos. Tiene miedo porque su marido la golpea, le habla mal. Es alcohólico. Primero la llevamos a un centro de protección en Andheri y luego fuimos al *One Stop Centre*, que está en la décima planta de un hospital (era la primera vez que yo entraba en un hospital público en la India). *One Stop Centre* es un centro de apoyo jurídico, psicológico y de necesidades básicas (alimentación, higiene, alojamiento). Fue creado por el Gobierno de la India tras el caso en Nueva Delhi, en 2012, en el que una chica fue violada por siete chicos, pidió ayuda a hospitales, a la policía, etc. pero nunca la encontró ni la recibió. Murió al cabo de pocos días. Encontré a dos niñas hermanas, de veintiún y catorce años, durmiendo en una de las habitaciones del centro. Las encontraron en la calle mientras huían de su familia. En ese centro, se habían registrado setecientos dos casos desde hacía poco más de año y medio.

Veinte minutos de camino compartiendo el mismo *tuk tuk*. Sentadas lado a lado. Sin hablar. Yo soy mujer, como tú...

Hoy estaba hablando con mi amiga de la organización, tenemos la misma edad, y me di cuenta de que ella tiene que levantarse cada mañana a las cinco de la mañana para que ese día haya agua en su casa. Abre un grifo que da acceso al depósito de agua de su casa. Dispone de veinte minutos al día. A las cinco y veinte de la mañana ya es para otra persona (si no se despierta, su familia no tiene agua ese día). Luego vuelve a dormir hasta las ocho y viene a trabajar. Todos los días.

Casa Pali Village. 10 de mayo

Recibí un mensaje de mi padre, preocupado por la ola de calor:

«Maria, por ahí, ¿sigue haciendo mucho calor? ¡Protégete! Vi ayer unas noticias que estimaban muchas muertes en India».

Yo respondí:

«Sí, sigue haciendo mucho calor. ¿Estiman las muertes de qué? ¿Cómo pueden estimar muertes en la India?».

Padre:

«Por la ola de calor...».

Le contesté:

«Vaya... me sorprende cómo pueden estimar las muertes en la India... todos los días veo gente tirada en la calle y nadie las cuenta o las estima. Es triste...».

Padre:

«...esas no son noticias...».

Casa Pali Village. 11 de mayo

Me gustan estos días en la organización en los que estoy en medio las mujeres trabajando. Siempre es una alegría. He estado en el departamento de control de calidad. Asistí a una conferencia organizada por la Coordinadora Estatal del Comercio Justo. Invitaron a una de las mujeres de la organización a participar. Me conmovió escuchar su historia en la organización. Me gustó especialmente haber observado desde este lado, sentada en medio de estas mujeres.

Casa Pali Village. 13 de mayo

Cada día me siento más a gusto en la organización. Y empiezo a ser la Maria espontánea. Recorro descalza los diferentes pisos e intento hablar todo lo que puedo con estas mujeres. Con la mayoría solo hago gestos, sonrío y hablo un hindi muy sencillo. Esta semana estuve en otros departamentos. Vuelvo a casa agotada. Pero más que el trabajo físico es el calor. También me siento psicológicamente cansada.

No hay día en el que una situación no me impresione.

A primera hora de la mañana, en la estación de tren de Andheri, que a las nueve está a tope de gente, además de las interminables colas de personas para coger los autobuses, vi a una madre con un niño (lleno de vendas) que gritaba y suplicaba tumbado sobre sus piernas. Ambos estaban en medio de las escaleras de la estación de tren. En este mismo lugar también he visto, otros días, a bebés prácticamente desnudos caminando solos y a un hombre sin piernas en una especie de *skate*.

Hoy he conocido un poco mejor a una de las trabajadoras sociales de la organización. Es una de las mujeres con las que mejor me llevo y me lleva con ella a todas partes. Se preocupa de integrarme y de traducirme al inglés. Fuimos a visitar una de las comunidades, ya en los suburbios de Mumbai. Una zona verde. Recaudamos dinero de cada mujer que participa en los programas de ahorro y microcrédito de la organización. Siempre que entramos en las casas de las familias (he podido conocer a muchas) nos ofrecen algo de comer (un plátano, algo de arroz...) y *masala chai*. Siempre nos sentamos en el suelo, o una de nosotras se sienta en la única cama (individual) que suelen tener las casas. Sujeté a un bebé que empezó a hacer pis en la litera. Tranquilamente su madre le cambió las braguitas (no llevaba pañal). En el camino de vuelta en el *tuk tuk*, no dejaba de preguntarle a mi amiga cómo conoció la organización. Me contó que empezó como profesora (sabía hindi, maratí e inglés). En aquel momento no tenía ningún sari que ponerse y le dijo a la trabajadora social que no podía trabajar así. Se levantaba todos los días a las cuatro de la mañana y llegaba a casa a las once de la noche porque vivía en Virar (tardaba tres horas a causa del tráfico). Al cabo de unos años, la organización le pagó los estudios para que pudiera convertirse en trabajadora social (tenía muchas aptitudes, pero no tenía dinero).

Otra de las mujeres tiene treinta y cuatro años (pensaba que tendría más o menos mi edad). Tiene cuatro hijos y están en la guardería de la organización, así que ya debo de haber jugado con ellos.

El padre de mi amiga, la que tiene mi edad, murió cuando ella tenía cuatro años. Y su madre le pidió que se uniera a la organización. Recibió el programa de becas para la educación, y ahora trabaja aquí. Su deseo es cumplir los sueños de su madre, que lleva toda su vida trabajando y nunca ha conocido otros lugares. Quiere viajar fuera de aquí.

Hoy es trece de mayo, en Portugal es el día de Nuestra Señora. Perdí mi medalla de Nuestra Señora, que llevaba todos los días alrededor de mi cuello, mientras visitaba las comunidades. Ahora solo tengo el hilo dorado con puntos negros. Y la gente me pregunta si estoy casada, porque aquí las mujeres hindúes casadas llevan un collar dorado y negro. Se llama *mangalsutra*. Normalmente, en el día a día llevan un collar más discreto, pero en los días especiales suelen llevar otros más exuberantes (en el sur de la India, las mujeres casadas llevan collares diferentes. Culturalmente, todo varía mucho).

Transcrito del libro *La India por dentro*:

«En la India da la impresión de que de alguna manera los dioses están presentes entre los humanos. Lo sagrado, ya casi totalmente desaparecido en Occidente, aún está muy presente en la vida de los indios. Pero, al contrario que en Occidente, donde se separa lo sagrado de lo profano, esta división apenas existe en la India. La espiritualidad y la mundanidad, la vida diaria y lo sagrado se mezclan continuamente, lo que a menudo choca al visitante» (Enterría, *La India por dentro*, 2020, p. 69).

Casa Pali Village. 14 de mayo

Se me caen las lágrimas cuando pienso en todo lo que veo y vivo. Estoy cansada.

Estoy alegre y triste, las dos cosas a la vez. Y pienso que siempre me sentiré así.

Casa Pali Village. 15 de mayo

Ahora vivo todo de forma cruda y dura. Sin tiempo ni espacio para reflexionar. Sin distancia. Escribo lo que veo y vivo. Todo me impresiona tanto o más que en los primeros días. Nada me es indiferente. No me acostumbro. Por eso estoy tan agotada.

Cada día es nuevo. Cada día veo un niño descalzo, un cuerpo tendido, una familia en la calle. Cada día, cada hora, cada vez que salgo. Y cuando voy a un café o a un lugar elegante veo gente rica, bien vestida, divirtiéndose, hablando inglés. Y me pregunto (siempre): «¿Dónde está esa gente en el día a día de Mumbai?». Nunca los veo en la calle. Viven en sus burbujas, moviéndose con un chófer, sin que sus pies pisen las calles de Mumbai. Es este contraste lo que me angustia.

Casa Pali Village. 16 de mayo

Hay tres mujeres a las que saludo cada mañana de camino a la estación de tren. Intercambiamos sonrisas y miradas. Nunca he hablado con ellas.

Una de ellas tiene un puesto con su marido, instalado en una esquina, hecho de lonas, de *chai* y de otros productos como tabaco y aperitivos. Es bastante mayor, muy delgada y solo tiene dos dientes delanteros (como un conejo). Muchas de las veces, cuando llego a casa al final del día, la veo cansada y tumbada en una de las lonas junto a su marido.

Más adelante, suelo encontrar a otra señora mucho más joven que vende comida cocinada. A esa hora de la mañana suele tener una cola de varias personas. Siempre me saluda con una sonrisa, aunque nunca le he comprado nada.

Luego, justo antes de llegar a la estación de tren, siempre veo a otra mujer con un largo carro de madera vendiendo patatas y cebollas. Siempre le digo *Good morning, didi*, y ella me responde con una sonrisa, algo en hindi o maratí.

Casa Pali Village. 17 de mayo

Hay días en que la ciudad huele terriblemente mal. Es difícil de explicar. Cuando camino siempre hay una mezcla de olores, incienso, basura, pescado, comida, fritos, contaminación... Hoy huele mal y no sé a qué huele.

Casa Pali Village. 18 de mayo

Al final de una de las visitas a la guardería de los niños y a los centros donde trabajan las mujeres, mi amiga me invitó a conocer su casa. Una casa sencilla y pequeña, muy ordenada. Conocí a su marido y a su hija que trabajaba en el hospital de al lado. Me senté en la única cama, que también es un sofá, y los tres comimos un mango. Luego me fui.

Casa Pali Village. 23 de mayo

Faltan menos de dos semanas para que nos vayamos de la India. Por un lado, tengo ganas de volver, por otro, me costará mucho dejar la organización. Me encantaría seguir trabajando con estas mujeres, pero desde Portugal o España. Hoy una de las mujeres de la organización, con la que solo puedo comunicarme por gestos y sonrisas, me ha dado un montón de *bindis*[14] de diferentes colores para que me los ponga en medio de la frente. Al

14 *Bindi* es una marca protectora que llevan muchos hindúes en el centro de la frente. La palabra deriva del sánscrito *bindu*, que significa «punto».

momento de la pausa para el *chai* intento ir al segundo piso para charlar un poco con las mujeres, que están descansando en las escaleras. Ya puedo saber más o menos por los rasgos si las mujeres son de estados del sur como Kerala o Tamil Nadu.

Casa Pali Village. 27 de mayo

Dentro de una semana me marcho. Empiezo a sentir un poco de nostalgia. Les echaré de menos. Echaré de menos a mis amigas de la organización.

Hoy, una de ellas me enseñaba fotos de la boda de su hijo, que fue en verano de 2020. Suelen celebrarlo durante varios días. Iban muy elegantes, llenos de adornos en la cabeza y en la cara. Me pareció extraño que su hija no estuviera en las fotos y le pregunté por qué. Me contestó: «ya sabes que el matrimonio es una celebración con dios, y ella estaba con la regla[15] estos días. Así que no podía ir al templo». Me quedé sin palabras.

---

15 En la India, en general, la menstruación es un tabú. A las mujeres que tienen la menstruación se las considera «contaminadas e impuras», llegando incluso a impedírseles realizar tareas que impliquen manejar agua o cocinar, y se las excluye de participar en ceremonias religiosas, culturales y comunitarias.

Casa Pali Village. 29 de mayo

Empiezo a prepararme para partir. Organizando. Despidiéndome. Tengo ganas de volver. Pero con pena de dejar la organización y a mi grupo de amigos españoles. En el fondo, en estos cinco meses fueron como una familia. Nos cuidábamos los unos a los otros.

Casa Pali Village. 30 de mayo

Hemos empezado las despedidas. Hoy me he despedido de una de las comunidades a las que voy regularmente. Algunas mujeres nos han preparado una comida estupenda. Nos sentamos en el suelo y comimos. También me han dado regalos. Me despedí de los niños, de los bebés y de las profesoras de la guardería. Y también de los tres centros de allí. Me va a costar mucho dejarlas. No quiero abandonarlas. Quiero recordarlas siempre. Mañana es el último día en la organización.

Casa Pali Village. 31 de mayo

Hoy ha sido el último día en la organización. Me he despedido con lágrimas en los ojos y abrazos a cada una de estas mujeres tan fuertes. No tengo palabras. No sé lo que siento. Les tengo tanto cariño, las admiro tanto.

Todos los días aprendí algo. Algo sobre la vida. Me han cuidado tanto, me han dado tanto, me han enseñado tanto. Las echaré de menos. Eran como mi familia en la India.

Digo cada uno de sus nombres. Mañana ya no beberé *masala chai* sentada en las escaleras con ellas.

«*Khaana khaane chalo*», «*thora thora hindi*».

No puedo dejar de llorar, recordando todos los momentos e imágenes que guardo en mi corazón. No sé si alguna vez volveré a verlas. Y eso me cuesta mucho.

Obras Citadas

Ambedkar, B. R. (2021). *Annilation of Caste and other essays.* India: Maple press private limited.

Enterría, Á. (2020). *La India por dentro* (16ª ed.). España: José J. de Olañeta, Editor e Indica Books.

Enterría, Á., & Náyak, Á. (2021). *El destino y el dharma.* España: José J. de Olañeta, Editor e Indica Books.

Lannoy, R. (2005). *Anandamayí. Su vida, su sabidúria.* España: José J. de Olañeta, Editor e Indica Books.

ÍNDICE

Esta edición
fue impresa
en noviembre
de 2024
en gráficas Printhaus,
de Bilbao.